AF402571

LE
PARTI OUVRIER
à l'Hôtel - de - Ville

PAR

Aimé LAVY

◆━◆◇◆━◆

Prix : 10 Centimes

(**15** centimes par la poste)

◆━◆◇◆━◆

EN VENTE

Au Bureau du " PROLÉTARIAT "

Organe officiel du Parti ouvrier

PARIS — 58, RUE GRENÉTA, 58 — PARIS

—

1887

LE PARTI OUVRIER

à l'Hôtel-de-Ville

« Dans l'Assemblée, toutes les situations-sociales sont représentées, toutes, excepté celle de seize millions de producteurs, dont nous faisons partie. »

Ainsi parlait le citoyen Chabert, au sein du premier Congrès ouvrier, le 7 octobre 1876.

Et quelques jours plus tard, la 5ᵉ commission du Congrès, dont Chabert était membre, déclarait :

« Qu'il est de toute nécessité que la classe ouvrière possède des législateurs sortis de son sein. »

Dès l'apparition du *Prolétaire*, le citoyen Chausse et l'auteur de ces lignes publiaient une série d'articles en faveur de la représentation prolétarienne.

La tâche était difficile alors, et il fallut une lutte obstinée pour rallier l'ensemble de notre Parti.

C'est au nom de la Révolution qu'on résistait à notre appel.

« Vous êtes révolutionnaires, répondions-nous. Eh ! qui ne l'est pas en dehors de la bourgeoisie ? L'humanité est une immense caravane en marche vers le progrès. Les jouisseurs s'arrêtent et cherchent à nous retenir dans les oasis qu'ils se sont préparées sur la route ; les autres n'ont qu'un désir, hâter le pas, abréger le chemin qui reste à parcourir. Ce sont les révolutionnaires, révolutionnaires d'instinct ou de volonté, révolutionnaires parce qu'ils souffrent de leur condition. »

Et nous cherchions à démontrer combien la propagande, dans les réunions électorales, dans les corps élus, serait utile à l'accroissement de notre Parti, à la préparation de la Révolution sociale.

« Du frottement des hommes entre eux, ajoutions-nous, naît l'esprit de solidarité, et lorsqu'ils souffrent, l'esprit de révolte, de révolution. »

Ce que nous écrivions alors, nous le pensons encore aujourd'hui, et les faits sont là pour attester la justesse de notre raisonnement.

Tristes et bien inutiles révolutionnaires que ceux dont tous les services à l'égard de la Révolution consistent à grouper quelques douzaines d'adhérents, à leur parler sur tous les tons de la « propagande par le fait », à les lancer parfois dans des réunions où, par l'incohérence de leurs actes, ils compromettent la cause socialiste !

Ceux-là dégoûteraient à jamais le peuple de la Révolution si la misère n'était là qui le pique de son aiguillon terrible et le force à entrer dans les voies de l'avenir égalitaire.

Nous n'avons pas encore forcé les portes du Parlement, mais nous sommes à l'Hôtel-de-Ville. Les élus de notre Parti y ont-ils donc si mal servi les intérêts des travailleurs, la cause de la Révolution ?

Il y a huit ans, nous tracions ainsi le rôle de nos délégués :

« C'est une lutte que nous soutenons, c'est la guerre que nous déclarons à la bourgeoisie. Les députés-bornes ne nous suffisent donc pas. Bien voter est excellent, sans doute ; mais tant qu'on n'a pas remporté la victoire, il faut aller plus loin que le vote, il faut agir, il faut, par la parole et par la presse, propager les idées réformatrices, faire pénétrer dans les masses la pensée révolutionnaire.

« Il faut que notre petit groupe de représentants perdus dans la foule des députés de la bourgeoisie y fasse une trouée profonde, qu'à toute heure il soit sur la brèche, qu'il supplée au nombre par la vigueur de l'attaque, que jamais il ne perde une occasion de faire entendre notre voix.

« Il faut que, dans ce Parlement où grouillent les ambitions, les cupidités, les égoïsmes, les haines, les passions réactionnaires, il soit le désintéressement, la franchise, la dignité, le dévouement aux principes d'égalité sociale.

« Il faut qu'en ces hommes vivent la droi-

...ture et l'énergie du peuple ; il faut que par leur bouche s'affirment d'une façon éclatante notre haine de l'oppression capitaliste, notre inébranlable volonté de mettre la justice à la place de l'iniquité, d'assurer à chacun, en échange de son travail, l'existence, le bien-être et la complète éducation de ses enfants.

« ... Ne les laissons pas s'endormir au sein du Parlement : ils y respireraient une atmosphère qui leur ferait oublier leurs électeurs. Loin de nous être utiles, ils arrêteraient notre marche en avant. Ce n'est pas sans danger que l'on subit certains contacts.

« Notre devoir sera de les obliger à venir sans cesse au milieu de nous s'inspirer de nos délibérations. Restant avec nous, vivant de notre vie publique, ils demeureront honnêtes et dévoués à la cause de l'émancipation du peuple. »

Nous avons rempli notre devoir. Nous avons astreint nos mandataires à conserver leur place dans les réunions de notre Parti. Nous les avons obligés à discuter avec nous de nos intérêts et à s'inspirer de nos résolutions. Nous ne les avons jamais laissés assez libres pour qu'ils pussent se croire nos dirigeants, nos maîtres, et non nos camarades, nos serviteurs. Jamais n'a pu germer dans leur cerveau ni errer sur leurs lèvres ce mot hautain du député royaliste de Versailles : « Je ne relève que de ma conscience. »

Joffrin d'abord, puis Chabert, puis Faillet ont toujours senti planer sur eux la vigilante attention du Parti. Leur dévouement et leur honnêteté la rendaient inutile ; mais s'il y avait eu en eux l'étoffe de nouveaux Tolains, leur honte eût été courte et leur mandat éphémère.

Nous avons accordé à nos élus la sympathie qu'ils méritaient par leur énergique et infatigable propagande en faveur de nos revendications, mais ils n'ont jamais obtenu ni pu espérer de nous la basse flatterie qui est la monnaie courante dont l'électeur bourgeois paye son mandataire.

De leur côté qu'ont-ils fait ?

Nous leur avions dit : Nous n'attendons de vos efforts aucun résultat sérieux pour l'amélioration de la condition politique ou économique du prolétariat. Mais il s'agit de propagande incessante, infatigable, et vous ne devrez négliger aucune occasion de la faire, vous devrez, en toutes circonstances, rappeler les conditions d'existence de notre Parti, défendre son programme, l'opposer aux décevantes promesses des programmes bourgeois, travailler à grossir nos rangs par votre parole, par votre exemple, par les quelques concessions que vous pourrez arracher à la bourgeoisie du Conseil.

Ce mandat, nos élus l'ont exécuté.

Partout et toujours, ils ont proclamé nos sentiments révolutionnaires.

Dès la première heure, ils affirmaient notre solidarité avec les vaincus de la seconde révolution prolétarienne. Ils soutenaient la proposition d'érection d'un monument aux fédérés, aux frais de la ville.

Battus, ils demandaient qu'on votât une indemnité aux familles des communalistes morts pendant la lutte, aux poteaux d'exécution, dans les prisons ou au bagne.

En 85, à la suite du misérable guet-apens organisé par la préfecture de police, le 24 mai, au Père-Lachaise, Chabert signait la proposition suivante :

« Considérant que les agents du préfet de police se sont livrés au Père-Lachaise à des assassinats contre les citoyens de la ville de Paris, venus pour rendre hommage à leurs morts...

« Le Conseil donne mandat à son bureau de porter plainte, au nom de la ville de Paris, au procureur de la République près le tribunal de la Seine, contre M. Gragnon, préfet de police, pour assassinat commis avec préméditation. »

Tout récemment, le Conseil municipal de Marseille levait sa séance le 18 mars, pour commémorer l'anniversaire de la Commune. Le gouvernement répondait à ce vote par la dissolution des représentants de Marseille.

Fidèles à nos traditions et à nos sentiments, nos amis déposaient, avec le citoyen Vaillant, une protestation à l'Hôtel-de-Ville contre cet acte réactionnaire de notre aristocratie gouvernementale.

Le Conseil municipal de Paris, reniant la grande ville, qui, le 25 mars 1871, donnait 230,000 voix à la Commune, a refusé de s'associer au vote des édiles marseillais.

Après l'exemple que leur avaient donné Marseille et Saint-Ouen, nos conseillers ont jugé à propos de mettre Paris au niveau d'un bourg pourri de la Vendée.

Cette bourgeoisie qui se vautre dans le lit et se gave à la table des nobles, dépossédés par elle, a oublié le passé de la grande Commune révolutionnaire où siégeaient ses aïeux en 1793. Elle accepte les privilèges qu'elle lui a conquis, mais elle répudie son énergie farouche.

Libre à eux. Révolutionnaires en 93, parce qu'ils luttaient pour leur affranchissement, ils sont réactionnaires aujourd'hui pour défendre leurs privilèges : c'est dans l'ordre.

Mais nous qui voulons notre affranchissement à notre tour, nous qui n'avons pas de monopoles à protéger, mais des droits à conquérir, nous nous réclamons de Juin 48, de la Commune de 1871. Nous tenons pour nôtres tous ceux qui ont planté le drapeau de l'universelle émancipation humaine, nous célébrons leur triomphe et pleurons leur défaite, avec l'espoir d'entendre bientôt sonner l'heure de la victoire définitive.

Au point de vue social, nos élus, qu'ils se soient occupés de l'intérêt individuel ou de l'intérêt de classe, sont toujours restés dans l'esprit de leur mandat.

Ils n'ont jamais oublié de faire voter pour nos camarades plus malheureux des secours de loyer. Ils ont proposé, en outre, de loger les sans-asile dans les locaux qui restent inoccupés par suite des exigences de la rapacité capitaliste jamais assouvie. Ils ont — ce qui était mieux encore — réclamé la construction de maisons à l'usage des ouvriers. Votée, cette proposition eût d'abord fait vivre de nombreux ouvriers sans travail, puisque c'était à eux seuls que l'entreprise devait être confiée. Elle eût encore procuré une amélioration passagère de leur sort aux ouvriers parisiens qui, trouvant à se loger à meilleur compte, auraient plus aisément fait face aux autres besoins de leur existence.

Quand le devoir de solidarité s'est présenté sous une autre forme, il a trouvé toujours nos élus prêts à l'accomplir. Les grévistes d'Anzin, de Decazeville et de Vierzon, les victimes de la catastrophe de Saint-Etienne en sont les témoins.

En ce qui concerne les conditions du travail, nos mandataires ont mis énergiquement en lumière toutes les revendications de notre programme.

Vingt fois ils ont réclamé le respect des prix de la série dans les travaux de la Ville, la réduction de la journée à huit heures, l'introduction, dans les contrats avec les entrepreneurs, de clauses qui garantissent les intérêts des ouvriers.

Allant plus loin, ils voulaient que la Ville confiât directement aux ouvriers l'entreprise de ses travaux, en leur fournissant le capital et les instruments de travail.

Quand vint la scandaleuse affaire du Métropolitain, ils proposèrent subsidiairement que les cahiers de charges imposassent aux entrepreneurs des conditions avantageuses aux ouvriers, ils demandèrent des trains d'ouvriers, un tracé qui aurait largement desservi les quartiers excentriques ; enfin là, comme pour le gaz, ils parlèrent, conformément à notre programme, de l'organisation d'un service public.

Dans toutes ces propositions, ils tendaient à supprimer l'entrepreneur, intermédiaire actuel entre la Ville et les travailleurs. Il restait à nos conseillers à prouver que cet intermédiaire est inutile, que les ouvriers peuvent entreprendre et diriger eux-mêmes un travail sans le secours de personne. De là est sortie cette admirable exposition ouvrière qui, par le fini de ses détails, par la conception et l'agencement de son ensemble, a démontré la capacité ouvrière que nierait en vain maintenant la bourgeoisie qui peut détenir le capital mais non accaparer le monopole de l'intelligence et du talent.

Comme couronnement de leur œuvre, nos élus ont pu persuader aux radicaux du Conseil de s'atteler à cette question si grave de la Bourse du Travail et la faire ainsi aboutir.

Si nous tenions absolument à voir au bout de nos efforts un résultat immédiat, nous pourrions dire avec orgueil : En voilà un, et non de peu d'importance. Nous, que naguère on poursuivait et on condamnait pour avoir usé du droit naturel de réunion, voici que la Commune, avec approbation de l'Etat, nous fournit un local, pour nous réunir et même pour constituer une association indéfinie comme durée du Travail en lutte contre le Capital.

Que les pessimistes haussent les épaules. Nous saluerons avec joie le jour où nous verrons inaugurer cette Bourse du Travail, qui sera le centre de ralliement de tous les traine-misère, qui leur prêtera son asile lorsqu'ils iront à la recherche du morceau de pain nécessaire à la vie, mais qui pourra bien aussi voir ses flancs gronder aux rugissements de leurs colères entassées s'excitant l'une l'autre et devenir ainsi le foyer d'incubation d'où sortira vengeresse la justice sociale.

Pour ce qui regarde la moralité publique, les conseillers de notre Parti ont poursuivi à la fois la suppression de la prostitution légale, des paris sur les champs de courses et de cette honteuse institution, la préfecture de police, avec sa digne annexe, la police des mœurs.

Enfin nos conseillers, qui se sont sans cesse intéressés à tout ce qui touche à l'instruction publique, ont proposé, ainsi que le porte notre programme, que tous les enfants fussent mis à la charge de la Commune, pour leur entretien et pour leur éducation.

Toutes les propositions déposées par nos amis, certes, n'ont pas été votées. Mais nous l'avons dit et nous le répétons encore, toute notre agitation a moins pour but d'obtenir des résultats immédiats que nous ne pouvons guère espérer de la bonne volonté bourgeoise, que de faire l'éducation publique, que d'éclairer la conscience du Peuple.

A ce point de vue le progrès est évident.

En 1884, nous faisions plus que doubler les voix qui nous avaient été données en 1881, et nous ne doutons pas que la même progression se manifeste aux élections prochaines.

Mais deux faits montrent plus encore le chemin qu'a parcouru l'opinion publique grâce à notre propagande : le haussement général des programmes bourgeois ; la création au Conseil municipal d'un groupe de « radicaux socialistes ».

On haussait les épaules quand parut notre programme. On raillait nos conceptions sociologiques qu'on déclarait de pures fantaisies, mais ces prétendues fantaisies ont paru séduire l'électeur, et, pour ne pas le laisser venir à nous, on a bu jusqu'à la lie cet amer calice du socialisme : la bourgeoisie politique nous a « fait » notre programme, comme la bourgeoisie capitaliste nous « fait » notre argent, comme la bour-

geoisie industrielle nous « fait » notre travail.

Les farouches autonomistes de 81 et de
84 sont dépassés aujourd'hui. Ils ne parais-
sent plus que de simples bâtons de gui-
mauve à côté des radicaux socialistes.

On nous a volé notre programme, rions à
notre tour, rions non pas seulement de cette
chasse à courre où l'électeur est le gibier,
rions encore de voir nos adversaires faire,
malgré eux, de la propagande en faveur de
nos idées.

Il leur reste une dernière pilule à avaler,
celle-là trop grosse pour l'étroitesse de leur
gosier : la lutte de classes.

Vous voyez bien, nous disent-ils, depuis
le radical au rouge facilement déteint jusqu'au radical socialiste le plus foncé, vous
voyez bien que les ouvriers trouvent en nous
des défenseurs aussi sûrs que s'ils sortaient
de leurs rangs. Quel est l'article de leur
programme que nous n'ayons pas accepté ?
Nous sommes autant que quiconque leurs
défenseurs, mais nous ne pouvons admettre
la lutte des classes, car, depuis 89, il n'y a
plus de classes en France.

Plus de classes ! Où donc ont-ils pris
cela, ces aveugles volontaires ? Ah ! oui,
l'on n'est plus, comme autrefois, cantonné
sa vie durant, qui parmi les manants, qui
parmi les bourgeois, qui parmi les nobles.
Tel pauvre diable qui a connu toutes les
misères de la vie peut devenir riche et en
goûter toutes les joies. Mais à côté de celui-

là combien qui demeureront du berceau jusqu'à la tombe couchés sur la terre qui leur rendra, en échange de leur travail, une nourriture insuffisante, combien qui resteront rivés à l'établi, à la machine, à l'outil comme le forçat à la chaîne du bagne !

La suppression des classes est aussi vraie que la liberté du travail.

Comme il est libre, n'est-ce pas, de discuter la question de salaire, de travailler ou de se croiser les bras, l'homme qui attend chaque jour le produit de son labeur pour nourrir sa famille !

Comme il est vrai qu'il n'y a pas de classes, quand ici, dans la chaumière du paysan, dans le taudis de l'ouvrier naît un pauvre petit être qui trouve souvent une mamelle tarie, une huche vide, un foyer sans feu et qui couvre sa fragile et touchante nudité des haillons de la misère ; quand là, dans la maison du riche, paraît l'enfant au sein de toutes les commodités de la vie !

La nature, la grande et éternelle égalitaire, en a fait deux frères égaux. Elle les a déposés au seuil de la vie également nus, également faibles, également à la merci des éléments, avec un droit égal à l'indispensable secours d'autrui.

Mais la société, cette hideuse déformation de la nature, intervient aussitôt. Elle refuse à l'un jusqu'aux soins immédiats nécessaires à sa conservation, elle lui donnera parcimonieusement l'instruction, puis elle le lancera sans armes, sans ressources dans le tourbillon humain, quitte à ce qu'il se brise contre le premier obstacle.

En revanche, elle entoure l'autre de soins maternels, elle écarte de lui jusqu'à l'ombre de la douleur ou du danger. Elle sème les plaisirs sous ses pas ; elle lui prodigue instruction et richesse, puis, quand il est à l'âge d'homme : « Regarde, lui dit-elle, cet être qui se prétend ton frère, sa naissance l'a fait ton serviteur ; il est né pour obéir, travailler et semer; toi pour le conduire, te reposer et recueillir les fruits de son labeur. »

La leçon est bonne ; le petit bourgeois en profite.

Il n'y a pas de classes !

Pour l'affirmer si hautement, avez-vous consulté cet être humain qui à l'âge où vos fils, bourgeois, ont toujours aux lèvres le joyeux rire de l'enfance, descend dans l'enfer de la mine et n'en sortira plus que pour trouver le calme et le repos de la tombe ?

Avez-vous consulté le bûcheron qui, avant que l'aube ait percé d'une lueur matinale le voile de la nuit, brandit déjà sa hache infatigable contre les arbres de la forêt et reste tout le jour exposé aux ardeurs du soleil qui épuisent ses forces, à la bise glacée, à la pluie qui colle ses hardes sur son corps grelottant?

Avez-vous consulté l'ouvrier qui ne sort de l'étroit logis, où étouffe sa pauvreté, que pour entrer à l'atelier où un air malsain et un travail excessif éteignent chez lui, avant l'heure, le flambeau de la vie ?

Avez-vous consulté tous ceux qui souffrent, tous ceux qui, au seuil de notre enfer social, ont lu le terrible conseil du Dante : Abandonnez tout espoir !

Ils vous auraient montré les plaies dont leur corps s'est couvert dans la lutte pour l'existence.

Ils vous auraient fait lire dans vos codes les lois qui protègent la propriété et la personne de leurs patrons, et ils vous auraient demandé où sont celles qui les garantissent, eux, contre l'exploitation, contre les accidents, contre les infirmités, contre la misère.

Ils vous auraient cloué votre mensonge aux lèvres, quand vous leur auriez parlé d'égalité politique et de suffrage universel.

Ils vous auraient fait voir, là encore, la lutte de classes s'étalant dans sa cynique impudeur.

Ils vous auraient demandé s'il est libre, l'électeur qui ne sait pas, l'électeur qui vote sous l'œil de celui duquel il attend du travail et du pain.

Mais à quoi bon discuter l'évidence ?

Tout mauvais cas est niable, et vous niez, cela se conçoit. Tout pouvoir est fait de mensonge et de trahison. Sur quoi donc pourriez-vous asseoir votre autorité, sinon sur la trahison et le mensonge ?

Quant à nous, aujourd'hui comme hier, nous allons nous   r aux travailleurs avec notre programme de revendications.

Aux ouvriers, nous dirons : C'est de vos droits que nous prenons la défense. C'est au nom de notre misère commune que nous réclamons justice.

A ceux qui, au fond de leur pauvre boutique, croient échapper à la marée montante du capitalisme contemporain, nous dirons : Regardez croître ces immenses bazars, où vêtements, aliments, objets de toutes sortes se trouvent entassés, et sachez bien, si vous ne l'avez vu déjà, que c'est la pieuvre qui viendra vous enserrer de ses mille tentacules et rendre impuissants vos minuscules efforts.

Il y a de la place dans nos rangs. Notre drapeau couvre toutes les rébellions et toutes les pauvretés. Soyez des nôtres.

Et notre appel sera entendu, nous en avons la conviction sincère.

Pour ces nouveaux venus, qui ont besoin de nous connaître pour nous juger, voici notre programme, qu'ils le lisent, et viennent ensuite, avec leur bulletin de vote, nous dire : « Nous croyons, nous sommes avec vous contre toute tyrannie, contre toute injustice. Avec vous, nous voterons et nous lutterons pour l'égalité humaine, aussi absolue, aussi parfaite que le comporte l'imperfection de notre nature. »

PROGRAMME MUNICIPAL

DE LA
Fédération des Travailleurs Socialistes
DE FRANCE

Considérant,

Que l'émancipation des travailleurs ne peut être l'œuvre que des travailleurs eux-mêmes ;

Que les efforts des travailleurs pour conquérir leur émancipation ne doivent pas tendre à constituer de nouveaux privilèges, mais à réaliser pour tous l'égalité, et par elle la véritable liberté ;

Que l'assujettissement des travailleurs aux détenteurs du capital est la source de toute servitude, politique, morale et matérielle ;

Que, pour cette raison, l'émancipation économique des travailleurs est le grand but auquel doit être subordonné tout mouvement politique ;

Que l'émancipation des travailleurs n'est pas un problème simplement local ou national ; qu'au contraire ce problème intéresse les travailleurs de toutes les nations *dites* civilisées, sa solution étant nécessairement subordonnée à leur concours théorique et pratique ;

Pour ces raisons,

Le Parti ouvrier socialiste révolutionnaire de Paris déclare :

1· Que le but final qu'il poursuit est l'émancipation complète de tous les êtres humains,

sans distinction de sexe, de race et de natio-
nalité ;

2· Que cette émancipation ne sera en bonne
voie de réalisation que lorsque, par la sociali-
sation des moyens de produire, on s'achemi-
nera vers une société communiste dans la-
quelle « chacun, donnant selon ses forces,
recevra selon ses besoins » ;

3· Que, pour marcher dans cette voie, il est
nécessaire de maintenir, par le fait historique
de la distinction des classes, un parti politique
distinct en face des diverses nuances des
partis politiques bourgeois ;

4· Que cette émancipation ne peut sortir
que de l'action révolutionnaire, et qu'il y a
lieu de poursuivre *comme moyen* la conquête
des pouvoirs publics dans la commune, le
département et l'Etat.

PARTIE POLITIQUE

*La Commune rendue maîtresse de son admi-
nistration, de sa police, de son armée.*

Article premier. — Droit de nomination des
maires et adjoints enlevé au gouvernement et
élection d'une administration municipale par
la Commune.

Art. 2. — Rémunération des fonctions de
conseiller municipal et de toutes celles éta-
blies par la Commune.

Art. 3. — Ratification des délibérations prises en Conseil non plus par les agents du pouvoir, mais dans les cas importants, comme
celui du budget par exemple, par le vote po-
pulaire.

Art. 4. — Droit d'initiative législatif donné
en matière communale aux citoyens, et obli-

gation par le Conseil municipal de discuter, dans un délai déterminé, les projets qui lui seront soumis avec la signature d'au moins cinq mille citoyens.

Art. 5. — Affichage des décisions prises au Conseil municipal. Mise à la disposition des électeurs, des Sociétés ouvrières et des Groupes socialistes des locaux appartenant à la Commune.

Art. 6. — Egalité civile et politique de la femme.

Art. 7. — Introduction en matière judiciaire du principe de l'arbitrage et des jurys élus par les électeurs de la Commune.

Art. 8. — Armement général du peuple. Licenciement des troupes de police.

Art. 9. — Droit de révocabilité du mandataire confié au comité qui a soutenu sa candidature, après consultation des électeurs en réunion.

Art. 10. — Liberté d'entente et de coalition entre les différentes Communes.

Art. 11. — Mandat donné à chaque conseiller municipal de voter contre toute candidature de délégué sénatorial.

PARTIE ÉCONOMIQUE

La Commune maitresse de ses services publics

Art. 1er. — Transformation en services publics communaux ou départementaux des monopoles des grandes Compagnies (Omnibus, Tramways, Bateaux, Eaux, Gaz, etc.), tous ces services devant fonctionner désormais, sinon gratuitement, au moins à prix de revient.

Art. 2. — Etablissement d'industries muninicipales, par la Commune, pour qu'en vertu de leur droit à l'existence, les travailleurs, mis à pied par les crises, les grèves et les transformations de l'outillage, reçoivent du travail, et que la Commune s'achemine ainsi du régime de la propriété privée au régime de la propriété publique.

Art. 3. — Création de greniers, minoteries, boulangeries, boucheries; ouverture de bazars, construction de maisons salubres, le tout à titre municipal, pour combattre les spéculateurs au profit des travailleurs.

Cahier des charges imposé aux propriétaires et contenant les conditions de prix, d'aménagement, etc., ainsi que l'obligation de louer aux travailleurs sans condition de métier, de nombre d'enfants ou de paiement anticipé.

Impôt de 20 pour cent sur les locaux non loués et impôt sur les terrains non bâtis.

Art. 4. — Enseignement intégral, c'est-à-dire scientifique, professionnel et militaire de tous les enfants mis gratuitement, pour leur éducation et leur entretien, à la charge de la Commune, jusqu'au jour où la Nation prendra dans ces dépenses la part qui lui revient.

Art. 5. — Généralisation du service de statistique communale.

Art. 6. — Organisation d'un service gratuit de médecine et de pharmacie à prix de revient.

Art. 7. — Organisation, par la Commune, de son assistance et des différents services de la sécurité publique. — Mise à la charge de la Commune des vieillards et des invalides du travail.

Art. 8. — Suppression des bureaux de placement et création d'un service public gratuit des renseignements professionnels.

La Commune maîtresse d'intervenir dans les questions de travail.

1. Par des mesures de garantie ;

2. Par des mesures tendant à ce que le travail des prisons ne fasse plus concurrence au travail libre ;

3. Par des secours donnés en cas de grèves aux ouvriers grévistes pour aider ees derniers à soutenir la lutte contre leurs patrons ;

4. Par des règlements interdisant, au nom de la sécurité publique, le travail des ouvriers étrangers à la Ville au-dessous des tarifs fixés, pour les ouvriers parisiens par les Chambres syndicales et Sociétés corporatives ouvrières.

La Commune maîtresse absolue de son budget

Article 1er. — Suppression du budget des cultes.

Art. 2. — Cessation des aliénations des biens communaux et retour à la collectivité de ceux déjà aliénés.

Art. 3. — Suppression des octrois et de toute taxe de consommation et leur remplacement par un impôt fortement progressif sur tous les revenus dépassant 3,000 fr. et sur les héritages au-dessus de 10,000 fr.

Paiement fait directement à l'Etat par la Commune du montant des impôts nationaux.

LIBRAIRIE DU *PROLÉTARIAT*

J. Allemane. — Le Chant des
transportés. . . . . » 10 » 15
Avec musique . . . . » 30 » 40

André-Gély. — Paria parmi les
parias . . . . » 25 » 30

Rivière. — Le Progrès. — L'éducation d'un enfant . . . . . . » 20 » 25

P. Brousse. — La Propriété col-
lective et les services publics. » 30 » 35

E. Faillet. — Biographie de Varlin » 30 » 40
Bourgeoisie et Parti ouvrier. . » 10 » 15

J. B. Clément. — Chansons socialistes. . . . . 2 » 2 30
La Revanche des Communeux,
chaque volume. . . . . 1 » 1 30
Questions sociales...ch. broch. 0 10 0 15

Waverley. — L'impôt sur les ouvriers étrangers . . . . » 15 » 20
Le Contrai national. 2 50 2 80

G. Francolin. — L'éducation
technique et professionnelle. . » 40 » 45

Alb. Faivre. — La loi municipale
de 1884 . . . . » 75 » 85
Petit code annoté des réunions » 60 » 75
Petit code annnoté des élections » 60 » 75
Formulaire des élections . . . » 60 » 75

Lassalle. — Capital et travail. . 2 » 2 15

E. Gautier. — Darwinisme social . . . . 1 » 1 10

V. Marouck. — Juin 1848. . . . 2 » 2 15
En temps de crise . . . . . . » 05 » 10

Domenjarie. — La Loi de l'Una-
nimité. . . . . 1 » 1 10

Henri Brissac. — Souvenirs de
prison et de bagne . . . . . . » 60 » 70

Schaffle. — Quintessence du
socialisme . . . . 1 » 1 10

Louise Michel. — L'Ere nouvelle » 50 » 60

PARIS — Imp. Perreau, 53, R. Grenéta, en face le pass. du Saumon.